諷詩調詩集 · 36

풍諷계戒집集 · 3

박진환 제54시집

지성 · 감성의 메타언어
조선문학시인선 · 372

諷詩調詩集 · 36

풍諷계戒집集 · 3

조선문학사

■ 책머리에

풍시조(諷詩調)는 상반·상충의 양극화를 시법으로 하는 미학이다.

2014년 初夏

박 진 환

박진환 제54시집 / 諷詩調詩集 · 36

풍諷계戒집集 · 3

차례

산욕 못 면할 판

통진당, 음모에 연루돼 진통 클 듯
진통 끝에 옥동자 태어나는 법인데
옥동자는커녕 사산에 파산까지 산욕 못 면할 판이니

? ? ?

미 · 영 · 불 국민들, 시리아 침공 반대여론이 우세

중 · 소는 아예 국가차원 반대 분명히 하고

반대여론 무시한 침공, 명분이냐? 평화수호냐? 오기냐?가 문제로다

격화소양이나 안 될지

한국경제, 국가경쟁력, 갈수록 하향곡선 못 면하다던데
창조·민주경제 약발 언제쯤이면 효험 나타낼까?
그보다 효험 있기나 할까? 혹여 격화소양이나 안 될지?

※ 격화소양(隔靴搔癢) : 신을 신고 가려운 발바닥을 긁는다 함이니
마음으론 애를 쓰나 실제 효과를 얻지 못한다는 뜻.

실종·종언 면했어

통진당, 민주주의 실종·종언에 유신부활 운운이던데
체포동의안 투표결과 100% 아닌 31표가 반대·기권이었어
찬·반, 의사 분명히 했으니 실종 종언 면했어

인민공화국 면하게 했어

이석기 국회 체포동의안 31표 이탈표 놓고 여・야 공방이 한창
100% 찬성이었으면 세계의 여론 어땠을까
다행히 반대 31표, 인민공화국 면하게 했어

반대쪽이던데

시리아 침공 놓고 세계 여론 엇갈려
미는 의회 승인, 러시아는 유엔 안보리 승인
어느 쪽이 옳은 걸까? 세계인의 여론은 반대쪽이던데

미국만 모른가 봐

G20 정상회의 참석, 미 시리아 공습설득에도 국제여론 부정적

최선의 방법은 대화이고, 최악의 방법은 전쟁이란

세상이 다 알고 있는 이 이치를 미국만 모른가 봐

민주공화국이거든

이석기 국회 구속동의안 찬성 100%라면 민주의회 아니지
강제구인 절차 놓고 곱지 않은 시각도 많았어
왜냐고? 대한민국은 인민공화국이 아닌 민주공화국이거든

정치 아이러니가 그래

NYT 보도, 한국 공안정국 우려, 어느 당 주장과 맥락 같이 하던데
판단 여부 어땠건 그러다 정치 퇴보 못 면하면 큰 문제
진보에 밀려 뒷걸음치는 퇴보, 정치 아이러니가 그래

물고기 맛 못 볼 처지

일 후쿠시마 원전 방사선 누출 쉬쉬하다 세세로
꼬맹이 오줌줄기 쉬쉬가 아닌 물꼬 터지듯 쏟아내는 세세
물꼬 무너뜨려 보터지면 태평양 오염으로 물고기 맛 못 볼 처지

경기 하겠네

벽에 곰팡이 좀 슬었기로서니 질색할 것까지야
세상의 벽이란 벽 죄다 진균증 창궐해 오염되었는데
세상은 관두고 마음의 벽에 슨 곰팡이 보면 경기 하겠네

때문 아닐지

유치원 어린이들 머리에 이가 번식한단다
이 문명한 시대에 원시의 해충이 번식하다니
이기에 눈먼 어른들 헛눈질 틈타 흰머리에 이 모인※ 때문 아닐지

※ 흰머리에 이 모이 듯이란 우리 속담은 이익이 있는 곳으로 떼를 지어 모임을 이르는 꼬집는 말이다.

거꾸로 풀어야 정답이거든

가장 좋은 정책, 풍부한 유산, 오랜 행복, 정직의 선물이라던데
정치는 거짓말 하는 기술, 유산은 가난, 행복은 순간
요즘 세상에선 정작 거꾸로 풀어야 정답이거든

생의 요리사 시계

고장난 멎은 벽시계에 속아 시간 밖으로 밀려나 시간을 역행했다
시간을 좇아 시간에 맞춰 시간으로 사는 시간의 노예가 된 생
초침 · 분침 · 시침으로 저미고 도막내 요리되는 시계는 생의 요리사

끓어오른 게지

G20 정상회담의 스넵, 미 · 소 냉기류에 한 · 일 외면 인상적
인상이란 말에 印象 말고도 引上이란 말도 있던데
뭘 끌어올렸을까? 끌어올리긴, 기 · 자존심 · 불편심기 끓어오른 게지

오버 마라데

미 오바마 시리아 공격 역설하지만 외로운 메아리 안 될지
국제여론은 물론 미국민 59%가 반대에 36%가 찬성이거든
이를 두고 세인들 입방아 오바마 오버 마라데

꼭 그래

집안 화목하고 행복하면 떼밀어도 집 안 나가
집구석 불화에 불행하면 매달려 붙들어도 뛰쳐나가
여의도 집안꼴이 꼭 그래

또 하나의 저울추로 기울어져 있다

나는 구식 저울대로 생을 계량하며 산다
추는 두 개, 하나는 마음을 달고, 또 하나는 황금을 단다
저울대엔 평행이 없다, 언제나 또 하나의 추로 기울어져 있다

불량식성

4대악 불량식품은 먹고 복통이라도 일으키지만
닥치는 대로 처먹고도 체할 줄 모르는 악 중의 악
불량식성은 부정·부패의 원흉, 악의 염라대왕이다

정신 성장도 이뤄야지

일본 2020년 도쿄 올림픽 유치로 아베 콧대 높아져
제1탄성인즉 경제상장 기폭제로 삼겠다던데
경제만 성장하면 뭘해, 망언・역사왜곡 지양, 정신 성장도 이뤄야지

걸신들린 상놈

불량식성에 비하면 불량식품은 양반
양반은 안 먹으면 배 아플 일 없지만 못 먹으면 배앓이 못 면하는
염치코치 불문하고 만복 즐기는 불량식성은 걸신들린 상놈

패권주의 시대여서

시리아 침공 기도하는 미에 무기장사 전쟁이라고 교황 일갈
企圖와 祈禱, 어느 쪽의 끝발이 더 셀까?
하나님도 막아내지 못하는 힘이 지배하는 패권주의 시대여서

다만 계율 하나, 애착 금지

인간의 삶을 풍요롭게 하고 윤택하게 하는 문명의 이기 아도물
이기를 넘어 물신의 대명사, 대명사를 넘어 살아있는 신
우린 모두 찬양·찬미의 광신도가 아니던가, 다만 계율 하나, 애착 금지

파계의 악인일까? 구원잘까?

악과는 대적하지 말라, 성서의 말씀이니 진리가 아니던가
진리를 거부하면 계율 위반일까? 반역의 악인일까?
불은 불로, 칼은 칼로 갚는 패권주의는 파계의 악인일까? 구원잘까?

밀월 즐겼게

與는 許·如·善也, 野는 郊外·民間在·未開의 뜻 지녀
이리 서로 근본도 뜻도 다르니 이념·방법·실천도 다를밖에
여여로 같았으면 부드럽고 연하게 야야로 밤마다 밀월 즐겼게

집 마련 왜해

오래된 낡은 집에서 사는 연고로 매일 연장을 들고 나대야 한다
하루에도 한 건씩 손을 봐야할 곳이 생기니 목수가 될밖에
집관리 안하고 재산세 안내고 손볼일 없는 일석삼조, 집 마련 왜해

행복하게 살려면

고대광실 아닌 수간모옥일지라도 내 집 지니고 살던 행복은 옛말
세태는 침식장소만 있으면 그만, 되레 집 지니고 사는 게 부담이다
부담 없는 삶이 곧 행복, 허니 행복하게 살려면 세 들어 살밖에

※ 수간모옥(數間茅屋) : 몇 칸의 떼집.

날이 무슨 날개인 줄 아나

자살 예방의 날 제정한다고 OECD국중 최고의 자살률 최하위될까?
APT, 한강다리 올려다보면 아슬한 최고에 투신 유혹, 최하위되려면
뛰어내려 추락할밖에, 날이 무슨 추락방지용 날개인 줄 아나

상두술로 벗 사귄 꼴

미·러 기싸움으로 막힌 미 숨통 러의 협상안이 터준 셈
의회 동의 불분명에 국민여론 반대에 밀린 오바마 한숨 돌렸거든
괜히 훈수 두다 상두술로 벗 사귄※ 꼴 된 우리 처지만 난처해져서

※ 상두술로 벗 사귄다 : 남의 술로 친구 대접하여 사귄다는 뜻이니, 남의 것으로 제 체면을 세우는 일을 두고 한 우리 속담.

용공은 망각 각성제거든

민주당을 통진당 숙주라던데, 종북 몸통이란 뜻 아닌가
반대당 용공으로 옭아매던 망령 아직도 살아있다니
코리아 전매특허품 치지망역 허시였어, 용공은 망각 각성제거든

※ 치지망역(置之望域) : 잊어버리고 생각지 않는다는 말.

못 면하고 사는데

여 · 야 막말 토해내 기싸움에 막힌 숨통 트이면 후련하겠지만
그럴수록 기가 막혀 숨 못쉬는 백성들은 핏대 올라 고혈압 환자돼
안그래도 체증 아닌, 창궐한 체병에 걸려 종신지질 못면하고 사는데

※ 종신지질(終身之疾) : 평생 고칠 수 없는 병.

믿는 것이라곤 힘뿐이어서

미, 시리아 군사개입, 협상인가? 후퇴인가? 유보인가?
의문부마다 물구나무선 미사일로 찍히는???, 의문부 뽑아내고
대화와 협상으로 !!! 찍어야 명승부지, 믿는 것이라곤 힘뿐이어서

믿거나 말거나 아닐 것 같아서

좌파가 교육·언론계 70%, 예술계 80%, 연예계 70% 장악
그 외에도 출판계 90%, 학계 60%라니 어쩐다 말대로라면
중구삭금에 말이 씨 된다는 속담, 믿거나 말거나 아닐 것 같아서

※ 중구삭금(衆口鑠金) : 뭇사람의 입에 오르면 쇠같이 단단한 물건도
녹인다는 뜻으로 여러 사람의 말은 무섭다는 뜻.

망상치매거든

안중근은 테러리스트, 유관순은 여자 깡패, 김구는 텔레반
이에 동조하고 나선 것이 민주당이라고? 착각 마시게나
착각은 자유가 아니라 망상도 한술 더 뜬 망상치매거든

집시 탈북인들

탈북에서 입북, 입북에서 재탈북 그리곤 감옥행 코스
낙원에의 꿈 안고 왔다가 정처 없이 떠돌이 끝 철창신세
차라리 철창이 소유되고 방어되는 행복한 공간인 것을

납작코 됐잖아

미 오바마, 러 푸틴에 코 꿰었다고?
몰라도 한참을 모르시는 말씀, 꿴 게 아니라 떼었지
높은 콧대 꺾여 납작코 됐잖아

가을 비

세상이 우울증에 걸려 구시렁구시렁 음송증 못 면하더니
그게 무슨 좋은 거라고 밤새 처마 밑에 쭈그리고 앉아 흉내하다니
병든 세상 탓일까? 짝퉁 세상 탓일까? 서시빈목도 유분수지

※ 음송증(吟誦症) : 정신분석학 용어로 긴장 · 불안 · 초조 따위를 이완하기 위하여 같은 말을 되풀이하는 정신현상으로서 디펜스 메카니즘의 한 가지.

※ 서시빈목(西施矉目) : 아무 비판 없이 남의 흉내를 낸다는 장자의 말.

코리아 정치

한가위 좋고 좋지요, 고향도 선물도 인심도 송편도 좋고 좋지요
한가위만 같아라, 좋고 좋은 코리아
다만 하나 가위로 ×표 찍은 가위표 못면한 코리아 정치

가을 폭우

무슨 불만 그리 많아 처마 밑에 쪼그리고 앉아 구시렁대더니
온갖 불만 만불로 끝내 터져 토해내는지
전국 방방곡곡에 패댕이치듯 뿌려대는 가을 폭우

성호 선생님

밤새 창밖에서 구시렁대던 빗소리는 백성들의 소리이고
날 새자 뇌성벽력 동반해 쏟아 붓는 폭우는 하늘의 소린가요
군주 정사소홀이면 용이 노해서라던데 믿어도 될까요? 성호 선생님

※ 성호(星湖) : 조선조 영조 때의 실학자 이익의 호다. 그의 저서 『星湖僿說』에 임금이 정사를 잘못하면 하늘의 노여움을 사 홍수·벼락 등 천재지변이 일어난다는 요지가 있음.

부정 토사물이 그렇거든

아름다운 이는 머물다간 자리도 아름답다, 공중변소 벽문이다
화장실만도 못한 자리, 앉았다 떠나면 동취에 구린내 진동
닥친대로 처먹고 토해낸 부정 토사물이 그렇거든

한판 살바싸움이거든

3자 회담 형식·격식 따지지 않겠다더니
웬걸, 형식·의제·내용 등 내세우며 지지부진, 그도 그럴 것이
정치란 게 술수의 달인 정치 9단들의 한판 살바싸움이거든

정(政) 못 면한 게야

정치 달인 술수만 9단이면 뭘해, 순수는 무단인데
순수 9단에 술수 무단이었으면 政 아닌 正 됐을 텐데
순수 正에 술수의 혹 攵이 붙었으니 政 못 면한 게야

한가위

가위 가위 무슨 가위, 한가위

가위도 한가위면 큰 가위

액 모두 잘라내고 날 세워 악도 부정・부패도 가위로 잘라내는 한가위

최상급이거든

일본 도쿄전력 2년씩이나 방사능 오염도 거짓 발표
방사능뿐인가 역사도, 전쟁도 모두 속임수로 사기 즐겼어
그 사기술이란 게 국제수준급에서도 최상급이어서

선물과 뇌물의 이치가 이러하거니

비록 변변치 못할지라도 Box에 사과가 들어 있으면 향
Box에 다발묶음의 현금이 들어 있으면 동취
선물과 뇌물, 다름의 이치가 이러하거니

불행 깨우쳐 줬던 것을

세상의 참다운 행복은 받는 것이 아니라 주는 것이라던데
주지 못하고 받기만 했으니 불행한 셈이다
명절 때마다 받았던 선물이 불행 깨우쳐 줬던 것을

자살 권하러 오나요?

일, 수산물 수입금지 항의차 관계자 방한한다던데

글쎄, 방사능오염 안됐으면 왜 고기 안 먹나요? 먹으면 자살행위

안그래도 OECD국 중 자살률 1위인데 자살 권하러 오나요?

격강천리여서

야당, 박근혜 정부를 청와대 공포정치라 규정하던데
선인들 왈, 공포를 잔학의 어머니, 국천척지라 했데
태평치하란 옛 말씀 허사 아닐까? 공포정치와는 격강천리여서

※ 국천척지(跼天蹐地) : 하늘이 높아도 부딪칠까 허리 구부리고, 땅이 두터워도 빠질까 걱정한다는 뜻으로 심한 공포를 이르는 말.

※ 격강천리(隔江千里) : 강을 사이하고 서로 건너지 못함이 마치 천리 길이나 다름이 없음을 이르는 말.

신물 토해내는데

한국정치, 정부나 국회보다 정치평론가들 차지
정치현안 대두될 때마다 정치평론가들 콩튀듯 팥튀듯 열 올려서
매스컴도 거들어 정치메뉴화, 국민들은 식상해 신물 토해내는데

수어혼수 못 면해서

정치 이슈 발생할 때마다 매스컴 · 정치평론가 해설 합작에
정작 알 권리에 굶주린 국민들만 혼란에 빠져 허우적
알 권리 시장기 채우기는커녕 수어혼수 못 면해서

※ 수어혼수(數魚混水) : 몇 마리의 고기가 물을 흐린다는 뜻으로 소수의 작간으로 인해 여럿이 해를 입음을 이름.

알약 챙겨 먹거든

늙으면 얼굴의 주름살보다 마음에 주름살이 는다던데
주름살보다 발걸음 후들후들, 눈 어질어질, 생각 오락가락이면
왕늙은이, 그래도 백세시대라고 꼬박꼬박 알약 챙겨 먹거든

더 잘 보이는 황금

달을 본다고? 별을 보고 하늘을 본다고?

글쎄, 달·별·하늘 잊어버리고 산지 이미 오래, 보긴 뭘봐

달·별·하늘보다 더 크고 더 빛나고 더 잘 보이는 황금이 있는데

돌개바람

정국 뒤흔든 국정원 국정 거꾸로면 정국되거든
나랏님도 바람 자기만 기다리며 어찌 못하는 특수권
국정, 정국, 정국, 국정, 댓글처럼 이어지며 회오리치는 돌개바람

겨울 먼저 안 올지

백전노장 정치 9단 야당인사들 현 정치풍토 진단인즉
무서운 정치, 공안정국, 신유신, 공포정치
으스스 돋아나는 소름, 혹여 가을 건너뛰어 겨울 먼저 안 올지

목 세워 꼿꼿이 세웠거든

3자 회담 성사되면 꼬인 정국 잘 풀릴 것 같더니 웬걸 더 꼬였어

정치철학에 정치해법에 기까지 겹쳤거든, 기라는 게 본래

몸 낮춰 기라는 것인데 기긴커녕 되레 목 세워 꼿꼿이 세웠거든

2자 회담에 성공

민주, 2자 회담 요구 3자 회담 됐지만
결과는 2자 회담에 성공한 셈
얼굴은 셋인데 목소리는 둘뿐이었거든

세계 이목 집중할 판

대통령 패션, 나들이 때마다 시선집중에 성공

양복·한복에 분위기 연출의 색상까지

내친김에 미니스커트·핫팬티 차림 한다면 세계 이목 집중할 판

하체에만 고정되거든

요즘 유행인 여성들 핫팬티에 남성들 시선집중
옛날엔 사시에 훔쳐보기 즐겼지만, 요즘은 왕 달라
아예 상하기능 상실된 남성들 시선 하체에만 고정되거든

하체만 걸어다녀

명동이나 종로·대학로 나들이 여성들 하체만 걸어다녀
설혹 상체 있어도 있으나마나 쳐다도 안 봐
눈들은 죄다 하체에만 꽂힌 채 뽑아내지 못하거든

어떨지

여야가 어떻고, 통진당이 어떻고, 검찰총장이 어떻고
어떻고 어떻고 어떻고 구구마다 입놀림 하던데 추석맞아 이참에
어떻고 송편 떡고물 삼아 꼭꼭 씹어 삼켜 똥 만듦이 어떨지

이 뽑게 돼

야 대권주자였던 분 박근혜 정부를 정치 아닌 통치라 하던데

통치 거꾸로 하면 치통

고통에는 영웅도 없다는데 이앓이 심하면 이 뽑게 돼

촛불로도 옮겨가

야당지도자 박근혜 정치를 불통정치라 평하던데
불통 사촌쯤 되는 말에 분통이란 게 있지
분통 사촌으로 옮겨가면 노실색시, 촛불로도 옮겨가

※ 노실색시(怒室色市) : 방안에서 터뜨린 노함 거리에 나가 나타낸다 함이니 노여움을 다른 데로 옮긴다는 뜻.

제대로 될까?

여론조사 결과 국민 10인 중 7인이 복지확대에 반대
그뿐이면 좋게, 10명 중 6명이 복지증세 부담 의향 없다고
국민과 정부의 견해차가 격강천리니 제대로 될까?

※ 격강천리(隔江千里) : 강을 사이하고 서로 건너지 못함이 마치
천리길이나 다름없음을 이르는 말.

미생지신 못 면하면 어쩌지

세금 더 낼 생각 없다가 국민의 60% 이상에 내겠다가 30% 이하
이쯤 증세 거부면 복지 순위 뒤로 미뤄 바꿔야 안 되겠나
국민과의 약속 지키려다 여론 홍수에 미생지신 못 면하면 어쩌지

※ 미생지신(尾生之信) : 옛날 미생이란 자가 다리 밑에서 여인과의 약속을 지키기 위해 기다리다 홍수에 익사했다는 고사로서 우직하게 약속만 지킨다는 사기(史記)에 나오는 말.

그른 말 아니거니

경제성장 선행 74%, 경제부흥 후 복지실천 26%가 국민여론
결과는 매한가지, 다만 순차만 바꾸자는 것
이를 두고 한 옛분들 말씀, 사근취원 그른 말 아니거니

※ 사근취원(捨近取遠) : 가까운 것을 버리고 먼 데 것을 가짐이니 일의 차례나 순서를 뒤바꿔 할 때를 이름.

읍견군폐가 따로 없는

정치는 철학도 해법도 안 통하는 먹통 못 면하고
민심은 둘로 쪼개져 양비론으로 삿대질 일삼는
읍견군폐가 따로 없는 여·야의 이 정치 형국

※ 읍견군폐(邑犬群吠) : 고을 개가 모여들어 짖는다는 뜻으로 서로 헐뜯고 비방함을 이름.

이룰 것이 있겠는가

추석 덕담 가화만사성, 국화만사성이면 더 좋을걸
가화나 국화 다같이 꽃은 꽃인데 국화는 십사성도 못되니
어쩐다 생화인 국화가 그 모양이니 가환들 이룰 것이 있겠는가

공공기관

한전 · 건강보험 · 수자원공사 등등 공기관 공채가 500조원
벌어들여 국고에 이바지해야 할 공기관이 혈세 탕진하다니
정부 부채보다 더 많은 빚더미 수술도 못하는 암덩이 공공기관

살아있었네

눈뜨자마자 파리채를 든다, 밤새 피를 빨아먹고 피에 취한 모기
간밤 공격에 앙갚음이라도 하듯 내리치는 파리채에 피를 토한다
피를 보는 복수의 쾌감, 여직 짐승스럼이 남아있다니, 살아있었네

No bel 못 면하지

문예진흥기금, 그 알량한 돈마저 잘못 투자로 손해께나 본 모양
남아도는 돈 있으면 예술에 쓸 일이지 엉뚱한 투자로 손해라니
하는 꼴 그 모양이니 한림원 노벨상 소식 No bel 못 면하지

못 면하다니

한국어도 평양에 태극기 꽂고 애국가 울려 퍼지게 하고 개선
박수, 모두모두 환영의 박수
헌데 여·야는 손가락질론 모자라 삿대질까지 못 면하다니

잘못

정치평론가 왈 현 한국정국 파탄 책임 50%는 대통에게
50%는 야당에 있다는 진단인데 잘한다가 아닌 못한다가 반반씩
정답은 잘도 못도 아닌 둘을 합친 잘못

초승달 가슴에 뜬 적 없는데

한가위 보름달, 밝으면 뭘해, 마음도 가슴도 시커멍인데
그 가슴하고도 빌 소원, 이루고 싶은 소원 지닐 수 있을까
정치 먹구름에 가려 애시당초 초승달 가슴에 뜬 적 없는데

아베가 아듀 되는 수가 있어

일 아베, 입버릇 됐나? 거짓말 일삼나?
당사자인 도쿄전력도 오염 위험수위 걱정이 태산인데
거짓말 즐기다가 천진협사 못 면하면 아베가 아듀 되는 수가 있어

※ 천진협사(天眞挾詐) : 어리석은 가운데 거짓말까지 끼임을 이르는 말.

의문부로 목매단 달

하늘나라 신궁에 거울 걸리듯은 이백의 찬월, 한종의 옥토끼는
미화된 달이고 명월 장안은 옛분들이 읊은 서울의 달밤이다
나랏님은 저 달 쳐다보며 뭘 빌었을까? 의문부로 목매단 보름달

달

이태백의 선궁에 걸린 거울, 백거이의 은섬
굴원의 요대, 한종의 옥토끼는 달을 읊음이 아니었던가
語畵堂의 달은? 목매단 천사의 얼굴

철학에 대한 회의 가져보심이

대통령 정치철학, 정치인 아닌 대통령 차원의 철학 요구
경색정국 풀려면 철학 아닌 철학 이상의 정치력 필요
철학은 회의라던데 차제에 철학에 대한 회의 가져보심이

낮출 줄은 모르거든

북 이산가족상봉, 금강산관광 재개 연기 배경 언론 탓으로
허긴 한국 언론 사실보도이기엔 너무 수다스러워
목소리 높일 줄만 알았지, 낮출 줄은 모르거든

나랏님 책임이지

박근혜 정부 노인복지 행복연금 결국은 수정 결정
책임 장관 문책 경질설까지 나오던데
그게 어디 장관 책임인가? 약속 못 지킨 나랏님 책임이지

금설폐구 때문인가?

이석기 의원 국정원서도 검찰에서도 침묵 일관
침묵은 금이라던데 그걸 믿는 왕구식이어선가?
아니면 금으로 혀를 만든 금설폐구 때문인가?

※ 금설폐구(金舌蔽口) : 금으로 혀를 만들어 입을 가린다는 뜻으로 입을 꾹 다물고 말하지 아니함을 이르는 순자(荀子)의 말.

링컨의 말 떠올리게 하데

채동욱 검찰총장 사건 원칙으론 못풀듯
임면권자가 풀어야 한다는 여론 융통성 필요 반응이던데
중요한 원칙들은 융통성이 있어야 하다는 링컨의 말 떠올리게 하데

이를 말해줌이거니

현 정치 난세 철학으론 못풀어, 정치는 역시 정치로 풀어야
철학자가 두취이고 두취가 철학자인 나라는 행복하다던데
말마다 정치철학 앞세워도 물러서는 복지행복 이를 말해줌이거니

작문정치 못 면할 밖에

노령연금, 유아연금 등 복지·행복연금 시나리오였나?
아니면 허구로 꾸민 소설이었나? 둘 다 아닌
붓가는 대로 쓴 수필이었나, 허니 작문정치 못 면할 밖에

공염불 아니던가

증세 없는 복지 박근혜 정부 선거공약 아니던가
헌데 입입마다 증세증세, 그나마 국민여론은 입입마다 반대
반대 아니어도 스스로 복지 차선으로 미뤘으니 공염불 아니던가

용기 앞세웠으면

공염불이 어디 한두 개던가? 정치 철학 뭔지 모르지만
창조·민주경제도 방언처럼 낯설기는 매한가지
약속이나 철학 앞세우기보다 진실 말할 줄 아는 용기 앞세웠으면

조지약차 어쩐다

거짓말은 속임수, 속임수 1호는 정치
개천도 없는데 다리 놓겠다고 한 위인들이 정치가라니
믿음이란 정치에선 금물인 것을 조지약차를 어쩐다

※ 조지약차(早知若此) : 일찍이 이와 같은 것을 알았더라면 하고 후회함을 이르는 말.

종교이고 신앙이거든

+자가는 악을 가두는 자물쇠, 목탁은 악을 내쫓는 육성
가두고 내쫓음은 정반대인데 어째서 같은 이치가 될까?
같고 다름을 넘어선 것이 종교이고 신앙이거든

손 비벼보는 일 없어서

보름달 쳐다보며 뭘 빌었느냐고? 아무것도 안 빌었어
빌어봤자 이루어지지 않는다는 걸 알고, 알면서 빌 수는 없음이지
설혹 이루고 싶은 소원 있다손 쳐도 손 비벼보는 일 없어서

소름 돋는 불쾌감

F킬라를 뿌려 바퀴를 잡는다, 뒤집힐 때마다 소름 돋는 쾌감
내 안에도 황금·명예·이기에 눈먼 바퀴가 서식한다
눈멀었는데도 잡히지 않는 바퀴, 잡지 못해 소름 돋는 불쾌감

한 마리 바퀴벌레다

생각하는 바퀴, 기지 않고 걸어 다니는 바퀴, 말을 하는 바퀴
황금을 갉아먹는 바퀴 등 욕망의 이빨을 세운 온통 바퀴뿐인 세상
이 세상을 바퀴로 살아가는 나도 한 마리 바퀴벌레다

복지 · 행복 운운 하겠는가

가계 · 국가 · 기업 등 온통 부채로 도배한 잿빛 경제
온갖 부채가 작년의 2배로 증가했다니
빚쟁이 처지에 무슨 복지며 행복 운운 하겠는가

노예 벗어남이 먼저지

국가부채 1천 8백조 원에 이자만도 연 20조 원으로 사상 최대
빚 있는 사람은 동시에 노예라는 말 영국 격언 아니던가
복지 · 행복은 사치, 허리 구부리고 사는 노예 벗어남이 먼저지

사람도 그래

동과 똥은 사촌쯤, 소리값 항렬론 형제뻘
소리값만이 형제 아닌 혈통도 같아
동과 똥이 풍기는 구린내나 구린내 같은 혈통이거든, 사람도 그래

허리 펴고 살긴 글렀어

2천여 조 국채에 이자만도 국민 1인당 재수 없는 44만원
우리 내외 노인복지연금 받는다손 쳐도 이자도 못 낼 판
빚쟁이는 노예라는데 행복·복지가 웬말, 허리 펴고 살긴 글렀어

왕 건강하거든

건보금 고액체납자 명단 공개해 납부효과 노린다고?
글쎄, 얼굴에 철판 깔고 산지 이미 오래인데 얼굴 붉힐까?
건보혜택 안 받고도 털난 양심 왕 건강하거든

이 일을 어찌해

노인복지 · 유아복지 · 행복복지 다 좋지, 헌데 복지 거꾸로면 지복
지복도 행복복지의 祉福이면 좋으련만 약속 못지킨
사생아로 잉태한 뱃속의 아이 指腹이면 이 일을 어찌해

개꿈이니까 그렇지

노인연금 · 아동연금 · 행복연금 빛깔은 찬란한 일곱빛깔
헌데 잡으려 하면 뒷걸음 쳐 도망치는 허황된 무지개
달리 無知界겠나, 붙잡지 못한 개꿈이니까 그렇지

발목 목발되거든

야, 민생·민주 살리기 전면전 선전 포고
죽여야 이기는 게 전쟁의 숙명인데 살리기 전쟁이라고?
여선 발목잡기라고 비난이던데 전쟁 치르고 나면 발목 목발되거든

백성쯤이야

약속 못 지키면 허언, 선거공약 못 지키면 거짓말로 표산 셈
노인복지 · 아동복지 · 반값등록금 등 거짓말 아니었을까
신을 두려워 않는 무길 거짓말이라던데 신도 안무서운데 백성쯤이야

•

박진환 시인은 전남 해남 출신으로 동국대 국문학과를 거쳐 중앙대 대학원을 졸업(문학박사)했다. 1960년 동아일보 신춘문예(詩)·1963년 自由文學(문학평론)으로 문단에 데뷔했고, 국제PEN한국본부 사무국장 및 이사, 한국문협 고문을 역임했다. 제9회 시문학상, 제3회 비평문학상, 펜문학상, 윤동주문학상 등을 수상했고, 한서대학교 교수 및 예술대학원장을 역임했으며 현재 월간『조선문학』발행인 겸 주간으로 있다. 중요 저서로는 시집에『귀로』,『사랑법』,『꽃시집』,『三行詩抄』Ⅰ~Ⅺ『諷詩調』,『박진환시전집』Ⅰ·Ⅱ·Ⅲ·Ⅳ·Ⅴ·Ⅵ·Ⅶ,『物神時代』Ⅰ·Ⅱ·Ⅲ·Ⅳ·Ⅴ,『동굴일지』Ⅰ·Ⅱ·Ⅲ·Ⅳ·Ⅴ,『2012년 8월』에서『2013년 7월』까지,『풍계집·1』에서『풍계집·25』까지 76권의 시집이 있고 평론집으로『한국현대시인론』,『현대시론』,『21C시학과 시법』등 다수와『한국시의 공간구조연구』,『21C 시학』,『시창작론』,『諷詩調詩學』외 다수의 역저가 있다.

•

조선문학시인선 372

諷詩調詩集·36

풍諷계戒집集·3

2014년 8월 20일 인쇄
2014년 8월 30일 발행

지은이 / 박진환
발행인 / 박진환
펴낸곳 / 조선문학사
등록번호 / 1-2733
주소 / 120-853 서울 서대문구 통일로 389(홍제동)
전화 / 02-730-2255
팩스 / 02-723-9373

ISBN 978-89-98115-62-3

정가 10,000원